AF224099

ANALYSE RAISONNÉE

DES TROIS ÉCRITS

DU DUC DE GAËTE,

SUR LE REMBOURSEMENT OU LA RÉDUCTION DE LA RENTE,

ET RÉPONSES A QUELQUES OBJECTIONS.

PARIS,

IMPRIMERIE DE GOETSCHY, RUE LOUIS-LE-GRAND, N° 27.

1830

ANALYSE RAISONNÉE

DES TROIS ÉCRITS

DU DUC DE GAËTE,

SUR LE REMBOURSEMENT OU LA RÉDUCTION DE LA RENTE,

ET RÉPONSES A QUELQUES OBJECTIONS.

La confiance est *la vie* des Gouvernemens ;

Elle ne s'acquiert que par la *justice ;*

Elle fait naître *le crédit* qui croît et se fortifie *par la fidélité aux engagemens contractés.*

Toutefois la mesure de la justice peut n'être pas toujours la même pour les *États* que pour les *particuliers.* Ses principes, immuables dans les transactions entre les citoyens, se modifient quelquefois, dans les affaires publiques, par l'effet de la prééminence de *l'intérêt général* sur *l'intérêt privé*, et, souvent aussi, par la puissance de la *nécessité* à laquelle rien ne résiste.

Mais le Gouvernement *doit* tout ce qu'il *peut sans que l'intérêt public soit compromis* ; et cet intérêt se compose d'élémens qui ne permettent pas toujours de le déterminer par les simples règles d'un calcul purement *arithmétique*.

Telles sont les prémisses sur lesquelles se fondent mes propositions qui consistent :

1° A rendre à l'amortissement la faculté d'agir *continuement* sur la rente de 5 francs, en posant à sa dépense une limite propre à calmer les inquiétudes que sa *non-limitation* avait fait naître.

2° A procurer aux contribuables le même soulagement de 20 millions qu'ils obtiendraient *par la réduction d'un cinquième sur la rente*, en conservant *intact* le revenu de nos créanciers.

On m'a fait, dans des entretiens particuliers, plusieurs objections que je vais rappeler, dans leur ordre, pour appliquer à chacune d'elles les explications et les réponses dont elles m'ont paru susceptibles ; sans prétendre que mes opinions doivent prévaloir ; mais uniquement dans la vue de fixer les bases d'une controverse qui puisse asseoir définitivement les idées sur le meilleur parti à prendre dans l'affaire importante dont il s'agit.

PREMIÈRE OBJECTION.

« La *limitation* du prix *vénal* de la rente serait
» une atteinte portée au *droit de propriété.*

OBSERVATIONS.

Premièrement. Il est évident qu'en *limitant au pair* l'action de l'amortissement sur nos fonds publics, la loi du 1er mai 1825, a voulu obtenir le même effet que si elle avait fixé à 100 fr. le *maximum* du *prix vénal* de la rente, *à la bourse.* Ma proposition qui, seulement, va *plus directement au but*, et, peut-être aussi, *plus régulièrement*, en ce qu'elle *ne suspend*, dans aucun cas, *l'action de l'amortissement*, est donc tout-à-fait conforme à *l'esprit* de cette loi.

Secondement. La prééminence de l'intérêt *général* sur l'intérêt *particulier* est un principe qui remonte à l'origine des sociétés civilisées. C'est ce principe qui veut que le *droit de propriété* lui-même, cède *à la cause d'utilité publique.* S'agit-il, par exemple, d'ouvrir une communication dont les avantages sont reconnus ? Le Gouvernement est autorisé à s'emparer de tous les terreins nécessaires , quelque prix que les propriétaires pûssent attacher à leur conservation, à la charge d'une juste et préalable indemnité.

Ma proposition a des effets bien moins rigoureux. Non-seulement elle ne prive point nos créanciers de ce qu'ils possèdent ; mais elle leur garantit encore les moyens d'obtenir un accroissement de profits, en y mettant seulement une limite propre à les circonscrire dans le cercle où les résultats de l'amortissement *illimité* les auraient probablement renfermés: et c'est uniquement ici que la loi suprême, celle de *l'intérêt général*, intervient pour autoriser une mesure dont la convenance ne pourrait être raisonnablement contestée par les parties intéressées elles-mêmes et que le Gouvernement n'aurait pu négliger, sans se rendre coupable d'une imprévoyance qui serait devenue sans excuse , si les craintes que la *non-limitation* de l'amortissement avait causées , avait pu, contre mon opinion , se réaliser un jour.

DEUXIÈME OBJECTION.

« La *limitation* de l'amortissement *au pair*
» n'ayant point empêché la rente de 5 francs

» de s'élever plus haut, la fixation du *maximum*
» du prix vénal, *à la Bourse,* n'en arrêterait
» pas plus sûrement la hausse à un cours plus
» élevé. »

La comparaison me paraît manquer de jus-
tesse.

La limitation de l'amortissement *au pair* ne
changeait rien à l'ordre accoutumé des opérations de la Bourse. La rente a, par conséquent,
pu continuer d'y être négociée *légalement,*
quelle que pût être l'élévation du cours.

La limitation du prix vénal, au contraire,
établirait un *droit nouveau* qui ne permettrait
plus que la rente fût vendue *au-delà du cours
fixé par la loi;* et l'on sait que les réglemens
qui, depuis 1724, époque de l'établissement
d'une Bourse à Paris, ont déterminé les fonctions
des agens de change, ne les autorisent à faire
des négociations que dans *l'intérieur de la
Bourse,* où les cours de chaque jour doivent
être constatés, dans les formes prescrites par ces
réglemens. Rien au surplus ne s'opposerait à ce
que l'on y ajoutât, ainsi qu'aux formalités du
transfert au grand-livre, les prescriptions nou-

velles qui seraient jugées nécessaires pour empêcher que la loi ne pût être éludée.

Du reste, rien ne serait changé pour la négociation de la rente, tant que le cours serait *inférieur* à 115 : ce qui rendrait provisoirement à la caisse d'amortissement la faculté de racheter *au-dessous de ce cours*, pendant un temps dont personne ne pourrait assigner le terme.

A la vérité, lorsque la rente de 5 francs se trouverait définitivement fixée à 115 (s'il doit, un jour, en être ainsi), elle ne présenterait plus d'aliment à *un jeu* que la variété du taux des divers fonds publics favorise; mais ses résultats, si souvent *funestes*, toujours *fâcheux*, ne permettraient pas de le regretter pour la morale publique elle-même, et sa destruction ferait refluer, vers des emplois utiles à la société, des capitaux perdus aujourd'hui pour la *reproduction* qui fait sa richesse, dès que les 3 p. 100 parvenus *au pair* cesseraient de lui offrir un dernier refuge.

TROISIÈME OBJECTION.

« Il est probable que la rente de 5 francs,
» aidée par l'action de l'amortissement qui lui
» serait rendue, atteindrait promptement le

» cours de 115. Alors toute opération sur ce
» fonds cesserait, ou bien celles que pourrait
» amener encore le mouvement des affaires,
» seraient de beaucoup insuffisantes pour l'em-
» ploi du fonds annuel d'amortissement. »

OBSERVATIONS.

Rien, ce semble, ne serait plus facile que de parer à cette difficulté (qui serait commune aux 3 p. 100 parvenus *au pair*), par une disposition qui prescrirait que, dans le cas prévu, la dotation d'une année, ou ce qui en serait resté sans emploi par le défaut de *matière vénale sur la place*, serait porté additionnellement, l'année suivante, sur le fonds de 3 p. 100 et qu'il en serait usé ainsi, d'année en année, jusqu'à ce que ce dernier fonds eût atteint *le pair*. Ce terme arrivé, si la dotation générale ne trouvait plus d'emploi, l'amortissement (*volontaire pour les créanciers,* par son institution,) serait rendu *forcé* (au cours de 115 pour la rente de 5 francs, *et au pair*, pour celles de 4 1/2 et de 3 p. 100) pour les séries qui seraient successivement désignées par la voie du sort, jusques à concurrence du montant des rentes qu'il serait jugé utile d'*éteindre définitivement*.

2

Cette mesure, qui ne pourrait être adoptée aujourd'hui *pour un remboursement au pair*, sans manquer à nos engagemens, puisque le sytème de l'amortissement *promis à nos créanciers n'est point épuisé*, serait alors justifiée par la loi qui domine toute les autres : celle de l'*inflexible nécessité*. Car l'intérêt public s'opposerait impérieusement à ce que *l'État* pût être réduit à l'impossibilité d'obtenir *une libération* qui importe aux créanciers eux-mêmes, considérés comme membres de la grande famille dont ils partagent les charges, et qui ne blesserait réellement pas leurs intérêts, puisqu'ils seraient assurés de ne pas obtenir, les uns moins de 115 fr., les autres moins de 100 fr., des rentes dont ils se trouveraient propriétaires.

Après avoir répondu, selon mes lumières, aux objections qui m'ont été faites, j'en soumettrai une, à mon tour, au-sujet, non *d'une réduction de la rente sans remboursement*, opération que je ne puis croire dans l'intention de personne ; mais du remboursement considéré sous les rapports purement *financiers*.

Il faut, ainsi que tout le monde le sait, pour *rembourser* comme pour *amortir*, un capital *qui appartienne à l'État*, et le fonds d'amortissement est aujourd'hui le seul dont il pût disposer pour *éteindre réellement* sa dette; mais ce ne pourrait être que par un remboursement *graduel;* or, en premier lieu, ce mode de remboursement ne serait pas autorisé par le *droit commun* dont *aucune nécessité* ne nous force de nous écarter.

En second lieu, il aurait l'inconvénient d'occasioner, comme on l'a vu, au Trésor, une dépense plus forte que celle *d'un amortissement au cours de* 115, dotés, l'un et l'autre, d'une somme égale.

En troisième lieu, il ne pourrait produire, relativement à l'impôt, par la réduction successive des arrérages à payer, qu'un effet tout-à-fait insensible, puisque la dépense de la rente ne décroîtrait par an, que de 2,800,000 fr. dont la répartition entre plusieurs millions de contribuables ne serait d'aucun intérêt pour chacun d'eux, en supposant même que l'on pensât à les faire jouir d'un aussi mince profit.

En quatrième lieu, le sort qu'ont généralement éprouvé les emprunts *à terme* en France, ne permettrait pas d'espérer que la dotation d'un remboursement *graduel* pût être constamment maintenue pendant une période de 36 ans; et l'on ne peut se dissimuler l'influence que la *suspension* de cette opération devrait exercer

sur le *crédit*, dans une circonstance extraordi-
naire où l'on serait obligé de réclamer de nouveau son assistance.

En cinquième lieu, enfin, il aurait l'inconvénient de *fixer* l'intérêt sur le pied de 5 p. 100
du capital de la rente, pendant toute la durée
de l'opération ; tandis que le cours porté à 115,
comme je le propose, n'offrirait plus que 4 1/2 ;
ce qui serait plus favorable à la *modération* du
taux général de l'intérêt de l'argent. Je dis la
modération ; car je suis toujours persuadé qu'un
affaiblissement exagéré de l'intérêt aurait, en
France, des effets tout contraires à ceux que l'on
en aurait espérés.

Ce serait donc un remboursement *intégral* et
simultané qu'il s'agirait de faire, et il ne pourrait
s'exécuter qu'au moyen d'emprunts qu'il faudrait porter jusqu'à *deux milliards* pour rembourser, au denier 20, cent millions de rentes,
qui paraîtraient dans le cas d'y être soumis.

On a paru penser qu'il serait facile d'obtenir
ces deux milliards par la négociation de rentes
3 p. 100 *au cours de* 75. Quoiqu'il soit aujour-
d'hui peu probable que ce parti fût adopté, il
peut n'être pas inutile d'examiner quel devrait
être, relativement à la dette, le résultat de
cette vaste et dispendieuse opération ?

Les 100 millions de rente que l'État paye actuellement, se trouveraient réduits à 80 millions par le remboursement du capital avec le produit d'emprunts faits sur le pied de 4 p. 100 d'intérêt; ce qui opérerait une réduction de 20 millions dans les charges des contribuables.

Mais le capital, que je porte, pour l'amortissement, (avec sa dotation actuelle), d'une rente de 100 millions, *au cours de* 115,
jusqu'à. 2,300,000,000
se trouverait élevé par la conver-
version en 3 p. 100 à 75, à. . . . 2,666,000,000

Ainsi la dette *convertie* se trouverait encore supérieure à la
dette actuelle, calculée au cours
de 115, de. 366,000,000

Tandis que les rentiers trouveraient difficilement 4 p. 100 d'intérêt des capitaux qu'ils auraient été inopportunément forcés de reprendre, avec perte, pour une partie d'entre eux, de la différence *du cours* auquel ils auraient acheté la rente.

Le résultat serait le même, pour les finances, si l'on supposait que tous les créanciers, pour éviter le remboursement dont ils seraient menacés, consentîssent à le recevoir *en rentes*

3 *p.* 100 *au cours de* 75. Les embarras des emprunts seraient seulement évités et l'on en épargnerait les frais; mais l'État ne s'en trouverait pas moins débiteur de près de 400 millions de plus que par la méthode de l'amortissement *au cours de* 1.15.

Dans ce dernier système, les contribuables jouiraient d'un soulagement égal de 20 millions.

Le revenu des créanciers resterait *intact :*

Et l'État devrait un capital de près de 400 millions de moins.

On épargnerait de plus les dépenses extraordinaires que des emprunts portés jusques à 2 milliards devraient inévitablement occasioner.

Il est vrai qu'en prélevant sur la dotation de la rente de 5 fr. 16 millions pour sa part des 20 millions dont les contributions devraient être diminuées et en réduisant ainsi cette dotation de 56 à 40 millions, le ralentissement des opération de l'amortissement en augmenterait la dépense définitive, à raison de ce qu'elles exigeraient 5 années de plus pour parvenir à l'extinction du capital.

Mais le bénéfice pour les contribuables ne serait pas moins, dès la première année, de 20 millions qui, au bout de 30 ans, feraieut une somme totale de 600 millions qu'ils auraient payée de moins, dans cet intervalle, sur les contributions les plus onéreuses.

Ce bénéfice et l'affermissement de la confiance par la fidélité à nos engagemens, compenseraient avantageusement le surcroît de dépense que la prolongation de l'amortissement, pendant 5 années, devrait occasioner, et sur lequel il serait rigoureusement juste de précompter encore l'économie de 146 millions que la caisse d'amortissement a procurée au trésor, en rachetant, moyennant 594 millions seulement, 37,000,000 fr. de rente, dout le remboursement *au denier* 20, comme on voudrait le faire aujourd'hui, n'aurait pas coûté moins de 740 millions.

Ce procédé aurait de plus le mérite de ne pouvoir ni exposer le Gouvernement à un *regret*, ni causer une *souffrance* à personne :

Et l'on ne peut se dissimuler que *la réduction* du revenu actuel de nos créanciers, de quelque manière qu'elle s'opérât, ne dût être *très-pénible* pour une partie d'entr'eux, et *une véritable calamité* pour le plus grand nombre, d'après le prix auquel sont parvenus la plupart des objets de première nécessité.

Or, il est aussi dans l'intérêt, bien compris, de *l'État,* de ne point semer, sans nécessité, dans une population nombreuse, les germes d'un mé-

contentement fondé dont on ne peut jamais cal-
culer les suites.

L'histoire est là, pour les rappeler à tous les
esprits.

Je ne me fais pas une juste idée des effets de
l'émission d'un capital de deux milliards jeté,
tout-à-coup, dans la circulation, dans un temps
où déjà, par un concours de circonstances extraordinaires, on offre au trésor, à 3 p. 100 par
an, plus d'argent que les besoins transitoires
de son service n'en peuvent employer ; mais il
me semble qu'il devrait probablement en résulter
un bouleversement dans les fortunes particulières, auquel *les plus considérables* pourraient
seules échapper et dont le contre-coup affecterait
la fortune publique elle-même. J'invite de plus
habiles que moi à y refléchir. La chose me paraît
en valoir la peine.

La création nouvelle d'une rente 4 p. 100 a
ramené la question de la réduction de celle de
5 fr. « Il est clair, a-t-on dit, que si le 4 se sou-
» tient pendant plusieurs mois *au-dessus du pair;*
» s'il est à 102 par exemple ; il faudra *faire la*
» *réduction* ou ne *jamais la faire :* car il s'agira
» d'offrir au porteur d'un rente de 5 fr., ou le
» *remboursement* de son capital de 100 fr. ou une
» inscription de 4 fr. de rente, valant actuelle-

» ment 102 sur la place. Or, quand le choix
» est donné entre 100 et 102, tout le monde
» sent fort bien où il tombera. »

Il me semble qu'il pourrait y avoir ici un mé-
compte.... La rente de 5 fr. est aujourd'hui à
près de 109 et elle donne encore un intérêt de
plus de 4 et demi. Ce serait donc entre deux capitaux, l'un de 109, l'autre de 102; ce serait
aussi entre un *intérêt supérieur à* 4 et demi et
celui de 4, que les rentiers auraient à opter,
s'ils persistent, comme il est raisonnable de le
craindre, dans l'opinion qu'ils ont manifestée
par leur résistance à la conversion *en* 3 *p.* 100
à 75, que *le remboursement d'un capital de deux
milliards*, serait heureusement *à peu près impos-
sible*. Je puis donc penser, à mon tour, que
leur choix ne serait pas douteux et qu'ils ne se
décideraient point à changer de situation.

Mais cette manière d'envisager la question ne
la présente pas sous celle de ses faces qui, si je
ne me trompe, offre le plus d'importance.

A en juger par l'attention *exclusive* que l'on
porte aux moyens de *diminuer là rente*, il sem-
blerait qu'il ne s'agit réellement que d'une dette
purement *viagère* dont le temps serait chargé
d'éteindre le capital.

Mais ceux qui l'ont fondée n'ont pu se méprendre sur sa nature, et c'est parce qu'ils en ont considéré tous les effets qu'ils se sont attachés au système de l'amortissement, si bien justifié par les premiers résultats qu'il avait produits, avant que l'élévation du cours de la rente de 5 fr. eût déterminé à la priver de son action jusqu'à ce qu'elle fût redescendue *au pair ou au-dessous.* Cette mesure, contraire au *principe fondamental de l'amortissement* qui ne lui permet de s'arrêter que par *le défaut de matière vénale sur la place*, et dont on aurait évité le besoin en *fixant le prix vénal* de la rente *à* 100 *fr. lorsqu'elle tendait à s'élever jusque-là*, a été l'équivalent de la *destruction positive du système de l'amortissement*, dont l'action devra cesser entièrement, dès que la faible dette du 3 p. 100 aura, avec son secours, dépassé le *pair.*

Convient-il effectivement de renoncer désormais à ce système pour lui en substituer un nouveau dans lequel, négligeant entièrement le soin de *libérer réellement l'État*, on ne se proposerait plus que d'obtenir *des réductions graduelles sur les rentes?*

Ne serions-nous pas conduits, par là, à la situation d'un *État* voisin que le même procédé, après avoir simplement diminué *sa dépense annuelle*, n'en a pas moins laissé débiteur *du même*

capital qu'il devait auparavant? Et, sans s'exa-
gérer les embarras qu'il en éprouve, n'est-on pas
du moins fondé à penser qu'une semblable po-
sition ne peut lui être avantageuse, ni même
indifférente, malgré des compensations auxquelles nous ne pouvons prétendre et dont la
privation nous la rendrait d'autant plus difficile
à supporter.

Telle est cependant, il ne faut pas se le dissimuler, celle qui serait réservée à la France.
Déjà un nouvel emprunt de 80 millions vient
se joindre à ceux que nous avions antérieure-
ment contractés. D'autres pourront devenir
ultérieuremeut nécessaires, et si leur sort est
aussi heureux que celui que l'on prédit (et,
j'aime à le croire, avec raison) à celui qui va se
faire, *l'amortissement leur serait également inutile.* Notre dette se trouverait donc dans le cas
de s'accroître *indéfiniment,* sans qu'aucun moyen
de l'éteindre eût remplacé celui dont nous aurions à regretter l'abandon, et il arriverait
infailliblement une époque à laquelle *le crédit*
finirait par nous refuser son secours; car les
capitalistes n'attachent pas moins d'importance
à la *conservation de leurs capitaux*, qu'au *paiement régulier de la rente;* et un système dans
lequel les premiers ne paraîtraient l'objet d'au-

cune sollicitude, ne serait pas propre à les ras-
surer contre les opérations qui pourraient, dans
des temps plus éloignés, se trouver commandées
par une *nécessité* dont les exigeances n'auraient
point été prévues. Quelques hommes cupides
peuvent bien céder à l'appât de l'énormité de
l'*intérêt* qu'un *État discrédité* leur promet ; mais
les hommes sages, les pères de famille surtout,
portent leurs regards au-delà *du présent* et sont
jaloux d'assurer *l'avenir* de leurs enfans; or, il
ne faut pas oublier que ce sont ceux-là qui com-
posent, en définitive, la masse principale des
créanciers d'une dette publique.

Des personnes que révolte la supposition
d'une réduction de la rente qui ne serait pas, au
moins, le résultat *d'un remboursement du capital*,
et frappées, d'un autre côté, des difficultés et
des inconvéniens du *remboursement* lui-même
qu'elles repoussent également comme inutile à
la *libération réelle de l'État*, dès qu'il ne pourrait
l'opérer que *par de nouveaux emprunts*, semblent persuadées que la justice autoriserait à
soumettre les fonds publics à un impôt égal à
celui qui frappe les biens fonds. « Les rentiers,
» disent-elles, jouissent d'un revenu dont la na-
» ture ne le soumet pas, comme celui des *proprié-
» tés foncières*, aux divers accidens qui en affai-

» blissent et quelquefois en détruisent momen-
» tanément le produit. Pourquoi le premier ne
» contribuerait-il pas, comme celui-ci, au paie-
» ment des charges publiques ? »

Ce raisonnement est spécieux : il peut séduire, au premier coup-d'œil, les meilleurs esprits et surtout des hommes de bonne foi.

Mais, en le soumettant à un examen attentif, on reconnaît bientôt que c'est dans l'intérêt *de l'État*, non dans celui *des prêteurs*, que les fonds publics ont toujours été affranchis d'impôt. Il est clair que l'effet certain du système contraire serait de *renchérir les emprunts*, dans la propor- tion de la contribution à laquelle la rente serait assujétie. Il n'y a point de doute, par exemple, que, dans cette hypothèse, les capitalistes n'au- raient pas donné de notre rente de 5 francs, le prix, quelque médiocre qu'il ait été, que nous en avons reçu. Il aurait fallu en négocier une masse plus considerable pour n'obtenir que le *même capital* dont nous avions *un besoin absolu*. Nous aurions par conséquent tenu compte, à l'avance, de la contribution que nous aurions perçue plus tard, et les contribuables seraient demeurés grevés d'un *surcroît de dette* au moins *égal*, si ce n'eût été *supérieur* à la contribution que les rentiers auraient semblé partager.

Ainsi l'*affranchissement d'impôt* a réellement été une condition *tacite* du contrat : il a fait partie *du prix* de la *chose* qui nous a été livrée; et il n'y aurait effectivement aucune différence entre *réduire, d'autorité*, la rente, ou la frapper d'une *retenue* qui la réduirait, *de fait*, dans la même proportion.

L'assujettissement à l'impôt, pour une rente qui n'y aurait pas été expressément soumise par le contrat, serait donc, il faut trancher le mot, *une infidélité* comme toute autre, et aurait infailliblement pour *le crédit*, les mêmes conséquences.

Elle ne changerait rien, d'ailleurs, à notre situation, sous le rapport *du capital* dont nous sommes débiteurs, et je ne puis me persuader que l'on ne finisse pas par en reconnaître les inconvéniens et les dangers. C'est évidemment dans l'intention d'en prévenir de semblables que le système *de l'amortissement* fut établi chez nos voisins de qui nous l'avons emprunté; mais nous l'avons pris *tel qu'ils l'avaient fait*. Il maintenait, dans la seule vue de donner au Gouvernement un moyen d'obtenir *des réductions d'intérét, le droit de remboursement* qu'il aurait dû *exclure* en le remplaçant. Peut-être l'intérêt public aurait-il seulement exigé que, pour ne rien donner au hasard, il fût, en même temps, posé une limite à la dépense qu'il pourrait nécessiter, et l'on trouvait dans le système *du remboursement* lui-même l'indication de la mesure à prendre pour éviter, à cet égard, tout sujet d'inquiétude. Dans ce système, on avait toujours déterminé *le capital que l'on s'engageait à restituer* : c'eût été une conséquence naturelle de fixer aussi *celui que l'on consentait à rendre* par la voie *de l'amortissement,* sans que son action pût, dans aucun cas, demeurer suspendue autrement que par le *défaut de matière vénale sur la place*, ou par l'épuisement *momentané de ses moyens journaliers;* ce qui eût conduit *à limiter le prix vénal* de la rente que l'on livrait aux prêteurs, et il n'y a pas d'autre manière de fixer *un pair* à une rente *soumise au régime de l'amortissement.* Les deux mesures étaient analogues, et la dernière a seule manqué au complément de la *méthode* que nous avons adoptée en 1827; elle eût prévenu les craintes que l'on a depuis témoignées; mais nous n'avions pas eu, du moins, la pensée de confondre deux systèmes qui ont chacun leurs règles particulières et ne semblent pas devoir s'appliquer *concurremment* à une *même* dette. La Chambre des Pairs, en repoussant, en 1824, la proposition du *remboursement* de la dette de

5 fr., a paru reconnaître l'impuissance constatée par l'expérience de tous les temps, en France, *de cette méthode* pour libérer réellement *l'État* d'une dette *d'une certaine étendue.* Il pourrait arriver qu'il en fût autrement à l'égard d'un emprunt d'une *faible importance*, comme celui de 80 millions, par exemple, que l'on se dispose à faire; mais il paraît que la *puissance législative* a jugé, de nouveau, qu'elle ne pouvait se confier, même dans ce cas particulier, à un procédé qui *n'avait jamais rempli ses promesses*, puisqu'elle a positivement soumis le nouvel emprunt à celui de *l'amortissement*, en fixant la somme qui pourrait y être annuellement appliquée: et le rapporteur de la Chambre des Pairs (M. le comte Mollien) n'a pas négligé de faire remarquer que « *cette dotation* de 1 p. 100 s'ac-
» croîtrait, chaque année, du montant des rentes
» rachetées successivement, *jusqu'à ce qu'elle*
» *eût absorbé le capital entier de 80 millions.* »
Le législateur a donc entendu que l'action de l'amortissement ne pût cesser que par *l'extinction du capital*; et pour concilier cette intention avec l'intérêt public, que l'on a craint, avec quelque exagération peut-être, de voir compromis par un amortissement *illimité* qui serait plus conforme à l'esprit de cette institution, il ne restait qu'à

limiter le prix vénal de la rente qui devrait être négociée. C'est donc véritablement *dans la loi* qu'il existe *une lacune* et non, comme on l'a prétendu, *dans le programme de l'emprunt*, où l'on n'a pas eu à fixer l'*époque d'un remboursement qui n'était point entré dans les combinaisons* de cette opération ; mais la loi ayant laissé au ministre toute latitude pour régler les conditions du contrat, cette lacune pourrait être remplie par une *ordonnance* qui fixerait le *maximum* du prix vénal de la rente de 4 francs. Cette disposition régulière remplacerait utilement celle que l'on n'a pu réclamer que dans l'intention d'obtenir une base pour les offres à faire par les soumissionnaires de l'emprunt. Il convient, en effet, de fixer leurs idées, puisque leur entremise peut être, au moins, *très-utile*, et les déclamations auxquelles elle a, plusieurs fois, donné lieu, m'ont toujours paru irréfléchies. Il suffit que les avantages qui leur seront accordés se renferment dans les bornes d'une sage économie, et ce doit être l'effet naturel de là *concurrence* et de la *publicité* ; mais ce ne sont pas eux qui doivent rester définitivement possesseurs de la dette. Ce sont les capitalistes de toutes les classes qui, pour la plupart, cherchent plutôt un emploi *solide* de leurs capitaux, que quelques profits à faire par les oscillations du cours *sur la place.*

Que faut-il donc aux premiers ? Une marge suffisante entre le prix *d'achat* et celui de *revente*, et ce but serait atteint par la fixation du *maximum* du prix vénal de la rente. L'emprunt serait adjugé à la compagnie dont l'offre, égale au moins *minimum* que le ministre aurait adopté, se rapprocherait le plus de cette fixation qu'il importerait d'élever au point convenable pour favoriser *la modération du taux général de l'intérêt.* L'amortissement trouverait, dans cette même fixation, *sa limite naturelle* et il ne serait plus dans la nécessité, *contraire au principe qui le régit,* de s'arrêter devant un cours *supérieur* à celui reglé par les conditions du contrat. Tous les intérêts se trouveraient ainsi garantis. Les premières opérations de l'emprunt n'éprouveraient point d'obstacles ; le possesseur définitif de la rente obtiendrait un revenu propre à justifier sa confiance, et *l'État* aurait la certitude de parvenir à éteindre, *sans dépasser la mesure déterminée pour sa dépense,* tout ce que, un jour, *il ne jugerait pas utile de conserver sa dette.*

Je ne dissimule pas que ce système serait peu favorable à l'augmentation *démesurée* d'une dette publique ; mais je suis intimement persuadé qu'il serait approprié à nos circonstances particulières et à la proportion des besoins que nous pouvons raisonnablement prévoir; car nous n'aurons certainement jamais *à solder des coalitions puissantes*, et nos nécessités, dans aucune hypothèse probable sous le Gouvernement qui nous régit, ne peuvent, dans aucun temps, nous condamner à mésuser des ressources du *crédit*.

C'est la réponse que je crois pouvoir faire à ceux qui s'en sont déclarés les ennemis. Il a, disent-ils, des dangers !... Eh ! qui le nie ? Mais ne peut-on pas abuser des meilleures choses et serait-ce une raison pour ne pas s'en servir, en en réglant sagement l'usage ? Ne semblerait-il pas que les capitaux qu'un *État* emprunte, doivent être nécessairement perdus pour la société !.... Mais croira-t-on, par exemple, que 200 millions qui seraient empruntés, en 4 ans, pour remettre toutes nos routes en bon état, seraient consommés *sans utilité* pour le pays, et qu'un tel capital fourni, *en partie*, par les *étrangers*, et qui s'emploierait, *en totalité*, *chez nous*, ne donnerait pas de grands profits, soit par les salaires distribués pendant l'exécution des travaux, soit par les immenses avantages que la facilité des communications procure toujours !

Le bon sens repousse donc de semblables exagérations. L'usage du crédit est toujours *sans péril*, sous le régime de *l'amortissement*, lorsque *sa dotation* et le paiement *des arrérages* de la dette existante reposent sur *un excédant des revenus ordinaires au-delà des dépenses annuelles* et qu'un nouvel emprunt n'est jamais contracté sans que *l'amortissement* et *l'intérêt* en soient garantis ou par une économie sur les dépenses du *service ordinaire*, si elle est possible, ou par une augmentation des taxes, égale à ce nouveau besoin.

Mais on conçoit que ce système exige, par dessus tout, de la *fixité dans les résolutions*; on en espérerait vainement les effets dans un pays où il serait, chaque année, remis en question et où ses principes seraient méconnus. Si les conditions qu'il impose étaient jugées trop dures, permis à nous d'y renoncer pour *l'avenir*; mais nous n'en avons pas le droit pour le *passé*; car l'amortissement fait *partie essentielle d'un contrat* dont nous ne pourrions, sans blesser la justice, méconnaître les charges après en avoir recueilli les profits. Tout ce que l'intérêt général *qui est la loi suprême*, peut nous autoriser à faire, c'est d'en régulariser la marche, comme je le propose pour la dette publique qui existe aujourd'hui.

Je sens parfaitement ce que ce langage peut avoir *d'impopulaire* ; mais ne s'agit-il pas, du moins dans mon opinion, de l'intérêt de mon pays !....

Je crois devoir, en terminant, ajouter quelques développemens à ce que j'ai dit plus haut, touchant l'emprunt dè 80 millions. La proposition que j'ai faite est, comme on l'a vu, la conséquence de l'intention que la loi de 1828 a manifestée que cet emprunt fût contracté *sous le régime de l'amortissement*, en déterminant le fonds (que j'aimerais à voir fixé à 2 p. 100 au lieu d'un) qui devrait être appliqué, chaque année, à *l'extinction définitive* du capital. Il est évident qu'une action *continue* de l'amortissement peut seule conduire à ce résultat, et l'unique moyen d'assurer *la continuité de cette action* sans s'exposer à compromettre les intérêts du trésor, serait, je le répète, *la limitation du prix vénal de la rente* ; disposition qui d'après la latitude laissée au ministre pour cette opération, rentrerait naturellement dans le domaiue de *l'ordonnance royale*, puisque ce serait une simple clause du contrat dont le Gouvernement est autorisé, par la loi, à régler toutes les conditions.

Mais si l'on pensait que celle de 1828 ne dût

pas être un obstacle à ce que l'emprunt fut soumis au régime du *remboursement*, il me semble qu'il faudrait une loi nouvelle qui, *en supprimant le fonds d'amortissement devenu inutile*, fixât le terme du remboursement. En rentrant ainsi pour l'avenir, *aux risques et périls du crédit*, dans l'ancien système *qui nous a toujours si mal réussi*, nous sortirions du moins de celui qui nous placerait, par un renversement de toutes les idées, entre un *remboursement* que les considérations dont je parlerai plus bas, rendraient *désastreux* et un *amortissement* qui serait *impuissant*, dès qu'il ne pourrait agir *au-dessus du pair*, auquel il n'y aurait pas de raison pour que la rente 4 p. 100 redescendît jamais, si, comme on l'annonce, elle devait, dès sa naissance, s'élever *au-delà;* à moins de circonstances déplorables que l'on ne peut ni ne doit prévoir.

Mais ne pourrait-on pas reprocher, alors, à la combinaison du nouvel emprunt, de tendre à la *cupidité* un piége dans lequel elle devrait infailliblement tomber, en ouvrant à l'agiotage une carrière *sans bornes*, tandis que le Gouvernement serait autorisé à rembourser *au pair* une rente qu'il aurait laissé vendre peut-être 15 ou 20 p. 100 de plus?

Ou plutôt, ne semblerait-il pas *s'interdire pour*

toujours l'exercice d'un droit qui devrait ruiner des familles, sans qu'il en résultât même d'autre profit pour ses finances, que l'*extinction de la dette*, qui, quelle qu'en soit l'importance, pourrait paraître, dans ce cas, *trop chèrement payée?*

Certes, si l'on ne pouvait user que *de cette manière, du crédit* dont j'apprécie tous les bienfaits, lorsque l'usage en est sagement réglé; je me croirais coupable de le défendre, quand il ne saurait plus être qu'un artisan de *ruines* ou de *malheurs particuliers* qui ne pourraient être évités qu'*en renonçant à l'extinction de la dette*, qu'il serait cependant si important de ne pas perpétuer.

En se conformant à la loi de 1828 qui a soumis l'emprunt au régime de l'*amortissement*, et en *limitant le prix vénal* de la rente de 4 p. 100, tous ces inconvéniens disparaissent. Je ne nie point qu'à ces conditions, l'emprunt de 80 millions ne devrait pas être négocié *aussi avantageusement* qu'on semble l'espérer; mais je n'hésite point à préférer que le Trésor paye l'*argent* quelque chose *de plus*, pour donner à l'agiotage quelque latitude *de moins*. Je suis bien persuadé que l'*État* ferait ainsi, sous plusieurs rapports, une très-bonne affaire.

Je finis, avec le regret de n'avoir point eu le talent d'être plus court. Je n'ai pas prétendu, en me livrant à cette discussion, révéler des vérités inconnues. J'ai voulu seulement essayer de jeter quelque jour sur une question dont la solution doit avoir une si grande influence sur le sort de nos finances, auquel se rattachent des intérêts d'un ordre si élevé.

Quel que soit l'événement, j'aurai du moins acquitté ma conscience.